LA SEMANA EN QUIEBRA

LA SEMANA EN QUIEBRA

Efraín Orozco Ibarra

ÍNDICE

PRÓLOGO 5

INTRODUCIÓN 9

CAPÍTULO 1 11

TU CAMINO A LA LIBERTAD COMIENZA EN TI 11

CAPÍTULO 2 15

EL DINERO 15

CAPÍTULO 3 34

PLANEACIÓN...34

CAPÍTULO 4 44

EL MERCADO 44

CAPÍTULO 5 48

RELACIONES PÚBLICAS 48

CAPÍTULO 6 52

NEGOCIACIÓN 52

CAPÍTULO 7 62

CREATIVIDAD Y HUMANIDAD..............................62

CAPÍTULO 8 70

LOS PROBLEMAS Y EL ESTRÉS..............................70

CAPÍTULO 9 76

IMPUESTOS 76

CAPÍTULO 10 84

LIDERAZGO Y EQUIPO DE TRABAJO.....................84

ACERCA DEL AUTOR 87

GLOSARIO 91

REFERENCIAS 94

PRÓLOGO

Todos vivimos una semana en quiebra al menos una vez en la vida, aprenderás los secretos para cambiar de mentalidad y seducir al dinero.

Muchos aseguran que no hay nada tan contrario como una vida digna y la búsqueda del dinero. Por lo tanto normalmente si alguien decide dedicarse a los negocios en busca del dinero, no solo cambia drásticamente de vestimenta, sino que a diferencia de todo empleado también en sus costumbres, trato y apariencia; porque no cree poder vestir lo común quién busca mostrar otro estatus económico y está dispuesto a cualquier acto a causa de la avaricia. Ni convienen las costumbres y hábitos de los obreros a quienes juzgan de conformistas y dependientes.

Pero si consideramos la concepción de la ideología capitalista, no se encontrarán cosas más unidas y acordes entre sí que la honestidad de las personas trabajadoras y su trabajo en busca de una remuneración, porque todo lo que se organiza en una civilización por el bien común sería inútil si no existieran personas de negocios destinados a prosperar, con valores, y a veces sin ellos que mantienen al pueblo. Por el contrario, los pueblos que no cuentan con hombres y mujeres de negocios son improductivos y caen apresados por gobiernos extranjeros o sus mismos gobiernos como un cuerpo sin mente.

¿Qué hombre necesita más la honestidad que quien confía su dinero a otros hombres? Y ¿Quién anhela más el dinero para ver prosperar a sus seres amados que quien trabaja largas jornadas recibiendo órdenes?

Esta necesidad es conocida por todos, lo cual todas las personas deberían imitar. Sin embargo, corrompida la sociedad y olvidadas por completo las antiguas ideologías, han surgido opiniones nefastas que aborrecen la riqueza. Por lo que decidí escribir para aquellos que se apasionan por emprender. Tomando en cuenta que si me equivoco escribiendo lo pueden corregir pero quien se equivoque al actuar se podrá conocer por perder su patrimonio y el de generaciones pasadas.

INTRODUCIÓN

Recopilado durante años por un filósofo-empresario y estudiado con pasión por estrategas, *La semana en quiebra* ha sido aplicada con destreza en los negocios.

Sin duda alguna, varios ven *La semana en quiebra* como parte de su éxito laboral, profesional y empresarial.

Se escribió *La semana en quiebra* para ayudar a las personas que realmente quieren ganar dinero a lograrlo con seguridad, ya que ha sido extremadamente eficiente.

Varios puntos de vista descritos sobre los negocios son distintos a los que la sociedad está acostumbrada a mostrar, pero reflejan la realidad del cambiante mundo y ha tenido sentido para personas con todo tipo de habilidades.

Pocas personas logran tener acceso a estos conocimientos después de costosos errores.

CAPÍTULO 1

TU CAMINO A LA LIBERTAD COMIENZA EN TI

"La libertad nunca es dada voluntariamente por el opresor; debe ser demandada por el oprimido". Martin Luther King, Jr.

"El tipo más importante de libertad es ser lo que realmente eres". Jim Morrison.

¿Realmente quieres hacer grandes negocios pero nadie te enseña cómo hacerlos?

¿Alguna vez has querido pagar algo para ti o las personas que quieres y no te alcanza el dinero?

¿Sientes que algunas clases en la escuela son pérdida de tiempo?

¿Te preocupa en secreto no poder alcanzar tus aspiraciones?

¿Si te dieran una serie de pasos para descifrar la lotería con anticipación los utilizarías?

Con dinero puedes estar seguro, alimentarte, descansar, ir al cine, tener una pareja, ir a fiestas, pertenecer a un club exclusivo, pagar un hotel, un lugar donde vivir, conseguir prestigio, libertad, acceso a salud, viajar a las mejores playas, resolver problemas, obtener reconocimiento, transcender, etc. Y como herramienta indispensable, hay que saber conseguirlo, y utilizarlo en conjunto con otras habilidades ya que solo no sirve de nada el metal o papel.

Me agradas por ser inteligente y buscar mejorar; lo que sabrás a continuación te permitirá mantener o conseguir libertad.

Voy a tratar de ser rápido porque tu tiempo y el mío son valiosos.

BIENVENIDO A LA LOTERÍA DE LA VIDA

¡Felicidades! Por entrar a este juego, te voy a explicar las reglas con las que puedes ganar, normalmente solo el equipo de élite tiene acceso a ellas, es un secreto para los demás, después de aplicarlas podrás enfrentarte a los tiburones.

CAPÍTULO 2

EL DINERO

"Regla número 1: nunca pierdas dinero. Regla número 2: nunca olvides la regla número 1". Warren Buffett.

"Una persona inteligente debería tener dinero en su cabeza, no en su corazón". Jonathan Swift.

- A todos les interesa tu dinero pero a nadie que ganes más.

El dinero acerca intereses no amistades, cuando la amistad es desinteresada la contaminas si mezclas dinero.

Si el tema principal es dinero, todos quieren quedarse con él.

Si es tu dinero, ten cuidado.

Si el dinero es de alguien más no confíes en que te lo va a dar.

Si vas a tener socio alineen sus intereses y objetivos por el dinero para que al lograrlos ambos ganen.

- Cuando estás en quiebra te das cuenta que lo único que no te pueden quitar es lo que eres y lo que sabes; que van a ser tus herramientas para iniciar de nuevo, para desenterrarte de lo más profundo; y por primera vez conocerás la ganancia o pérdida real; en tu persona, tu humanidad, en los que te rodean y lo que estarás cosechando después de lo que sembraste.

(Tiene más – quien necesita menos – necesita menos quien ayuda más).

El secreto está en volverse eficiente.

- Ve de menos a más, mantener un ingreso pequeño seguro, te permite comenzar a entrar en otras áreas.

Pequeño es relativo según la posición económica en la que te encuentres, significa que con él puedas iniciar y mantener el nuevo proyecto sin depender de terceros; planear algo que no puedes financiar es como tirarte de un avión sin paracaídas; nadie te asegura que otra persona que si tenga paracaídas te alcance a salvar.

Solo introduce a terceros si es seguro que reducirá el tiempo de maduración de la empresa y te traerá más utilidades.

- Mide el riesgo, a mayor riesgo mayor probabilidad de ganancia o pérdida y viceversa.

Si inviertes en un negocio mil pesos es más seguro que ganes otros mil pesos, a si inviertes mil pesos en billetes de lotería para ganar un millón. Y si en algún momento no ves viable la inversión vas a poder retirar y recuperar más de la inversión hecha en el negocio que de la inversión hecha en billetes de lotería.

- No es necesario el dinero para comenzar cualquier idea pero para mantenerla y hacerla crecer sí.

Un proyecto empieza con ideas y trabajo, sin embargo todos tenemos gastos, calcula tus provisiones y traza el camino más corto para conseguir recursos que sustenten su crecimiento.

Permanecer por mucho tiempo en un buen proyecto sin ganar propiciará que tu equipo se desanime y tus suministros no serán suficientes.

- Siempre paga a los bancos todos los préstamos que te hagan con sus intereses correspondientes, pueden llegar a ser mucho mejor que los socios capitalistas.

Aprovecha su antigüedad y experiencia en el área financiera, te prestan cuando puedes pagar, te niegan cuando no. Esto obliga a ser responsable o al menos no hacer una tontería más grande. Si tu negocio es buen negocio no se quedan con él, solo con la ganancia que les corresponde, respetan tiempos y dominan la avaricia.

Las instituciones financieras se pueden volver tu mejor aliado y que mejor que alguien analítico con décadas o siglos de experiencia.

- No hagas malo a alguien bueno (en arca abierta hasta el más justo peca).

Cuando se trata de dinero confiarle todo el manejo y movimientos a una persona puede ser tu peor error, es cómodo pero si quieres ganar dinero tienes que cuidar el dinero; divide las tareas para mantenerlo en constante supervisión.

- Si quieres ganar dinero aprende a utilizarlo en tu beneficio.

MAPA DEL DINERO

```
                    +
                Inversión        +
          -                   Renta
        Flujo        \       /
                      \     / Camino del empleado
                       \   /
                        \ /
         -   _____ X _____   +
       Utilidad         / \  Camino del inversionista  Utilidad
                       /   \
                      / Camino del emprendedor
                     /       \
                    /         +
          -                 Flujo
        Renta         -
                   Inversión
```

Los tres caminos son buenos si conoces tus recursos y lo que quieres obtener. Cada puerta que abres por un camino es una puerta que se cierra tras de ti al cruzarla.

Por otro lado para manejar dinero puedes mantener un control sencillo llenando los campos de un estado financiero que te explico a continuación:

Así puedes hacer un balance general:

Activo	Pasivo y capital
Son los recursos que tienes y has generado	De dónde has conseguido los recursos

En el balance tanto el lado del activo como el del pasivo más capital deben ser iguales y a su vez puedes dividirlos en varias categorías para eficientar su uso:

Activo	Pasivo y capital
Activo circulante	Pasivo circulante

Activo fijo	Pasivo de largo plazo
	Capital contable

Sigue visualizando la tabla y mantén un concepto sencillo, si conoces poco sobre el dinero empieza con la primera que tiene solo dos campos y conforme te vayas familiarizando salta a la segunda. Recuerda que si quieres ganar dinero tienes que mantenerlo en constante supervisión.

Retomando la segunda tabla.

Activo circulante: es el dinero en efectivo o lo que puedes convertir más rápido en dinero en efectivo.

Por ejemplo: El dinero que tienes en la caja de tu negocio y el banco, productos que vendes (inventario), y cuentas por cobrar (lo que te deben).

Activo fijo: son propiedades o cosas que posees que no son tan fáciles de vender cuando necesitas dinero; como edificios, maquinaria o terrenos.

Pasivo circulante: es lo que te van a cobrar pronto y requiere que tengas liquidez.

Pasivo de largo plazo: son préstamos o deudas que tienes a varios años.

Capital contable: es el dinero que han puesto los accionistas más las utilidades que ha dejado el negocio.

Desarrolla el plan financiero para tu negocio, haz tu combinación ideal, quita las nubes, comienza a visualizar tu objetivo y camina en línea recta hacia él.

Por ejemplo: según tu modelo de negocio puedes decidir trabajar con el dinero de proveedores sabiendo que vas a tener que pagarles rápido pero sin intereses, trabajar con el dinero del banco que te va a dar más tiempo para pagar pero va a exigir su ganancia; trabajar y arriesgar tu dinero quedándote con toda la ganancia / pérdida, o compartir el riesgo con socios.

También podrías determinar que tu empresa trabaje con o sin inventario, dando crédito o sin dar crédito a tus clientes y con o sin activo fijo (edificios, terrenos, maquinaria).

Ahora llena la siguiente tabla:

Ingresos	Egresos
Lo que vendes	Lo que pagas

Después de haberla llenado tienes que planear cómo hacer que tus ingresos siempre sean mayores a los egresos.

Igual que en la anterior si no estás muy familiarizado empieza con la primer tabla y conforme te vayas acostumbrando salta a la siguiente.

Ingresos	Egresos
Lo que vendes	Compras
	Gastos

Compras: es el material o equipo que te sirve para hacer funcionar tu negocio, para producir y que en algún momento podrías llegar a vender.

Gastos: es lo que se esfuma en cuanto lo pagas (como la luz, agua, internet, etc.)

- El dinero tiene un precio y se llaman intereses.

Como rentar una casa o un carro cuesta, tener dinero también y su valor son los intereses. Si lo pides prestado pagas intereses y si lo prestas ganas intereses.

- Puedes hacer negocio con el dinero de otros, se llama apalancamiento.

Independientemente de la actividad que desarrolles si vas a apalancarte tienes que ser un excelente comerciante (como si compraras y vendieras dinero); revisar que el costo de los intereses que pagas sea menor al costo de los intereses que ganas por colocar el mismo dinero que te prestaron.

Ejemplo: Yo soy Juanito y vendo dulces, mi negocio me da el 10% de utilidad mensual (libre de todos los gastos y costos), pero solo he invertido $100 pesos, por lo que gano $10 pesos mensuales. Y se me ocurre la idea después de leer *La semana en quiebra*, que si le pido a mi papa $1000 pesos prestados puedo tener más variedad de dulces, a lo que ganaría otros $100 pesos mensuales. Sin embargo mi papá me dice que mi hermano Pablo también le pidió ese dinero para un balón, por lo que tengo que hacerlo más atractivo para él y le ofrezco pagarle un 2% mensual de intereses que equivale a una ganancia de $20 pesos mensuales para mi papá. Al final consigo ese dinero y de los $110 pesos mensuales de ganancia que generó mi negocio le tocan $20 pesos a mi papá y yo gané $90 pesos; nueve veces más de lo que había ganado el mes pasado; fue un apalancamiento positivo.

Pablo se da cuenta de mi negocio y al mes siguiente decide hacer algo parecido le ofrece un 10% de intereses a mi papá para ganarme el nuevo préstamo de $1000 pesos, sin embargo va y se compra el balón que le genera 0% de ganancia mensual, y como es muy malo jugando futbol porque el mes pasado no tuvo balón y dejó de entrenar, aparte pierde su balón en una apuesta. Eso es un apalancamiento negativo.

Ahora mi papá está muy enojado porque Pablo perdió su dinero y no le está pagando los $100 pesos mensuales que le había prometido, por lo que no le va a prestar más dinero y lo manda a trabajar conmigo para que le pague. Así que yo ya tengo un buen negocio, la confianza de mi papá que es mi fuente de dinero y un empleado que me ahorra tiempo.

CAPÍTULO 3

PLANEACIÓN

"El hombre que se prepara, tiene media batalla ganada". Miguel de Cervantes.

"Una planificación meticulosa, permitirá que todo lo que un hombre haga, aparezca como espontáneo". Mark Caine.

- Los negocios deben hacerse como una construcción, una piedra sobre otra, siempre firmes.

El tamaño de tus bases va a determinar cuán grande y estable puede llegar a ser el negocio.

Ten presente que los cimientos absorben mucho recurso, el gasto excesivo en estos puede dejarte sin recursos para la edificación, por lo que es vital una constante planeación. (Más vale pájaro en mano que cientos volando).

- Utiliza lo que ya existe para avanzar rápido.

Tratar de volverlo a inventar te va a hacer perder tiempo para llegar al mismo punto de partida.

- La importancia de la planeación

MAPA DEL DINERO

```
                    + Inversión
          -                        + Renta
        Flujo      Camino del empleado
                   Camino del inversionista
        -                                    +
      Utilidad                            Utilidad
                   Camino del emprendedor
                                          + Flujo
          - Renta
                    - Inversión
```

Vemos muchos emprendedores que buscan la ganancia de un empleado y empleados que quisieran tener los beneficios de un emprendedor siendo ambos caminos distintos, en los que si te arrepientes debes retroceder para tomar otro y el punto de encuentro la mayoría de las veces es volver a empezar desde cero; situación lógica cuando no se cuenta con un mapa para saber a dónde vas.

Por eso es importante analizar lo que tienes, lo que necesitas y lo que quieres conseguir.

Un empleado tiene su vida para dedicarla al trabajo, a cambio de un sueldo que se puede tomar como una renta mensual y representa cierta utilidad, descontando la inversión de tiempo y dinero que hace para presentarse a trabajar con los requisitos necesarios; como la vida es lo más importante que tenemos es una de las inversiones más costosas que se puede hacer; por otro lado tiene un bajo nivel de riesgo de perder dinero y baja probabilidad de ganar mucho más.

Un buen emprendedor hace uso del tiempo y dinero de otros; empleados para conseguir más tiempo, inversionistas y bancos para contar con más dinero. Lo que necesita conseguir desde un inicio es flujo de efectivo y cierta utilidad, ya que los que le otorgan las herramientas le van a exigir su ganancia para continuar con él. Tiene un mayor riesgo de perder dinero que debe pero también mayor probabilidad de ganar mucho dinero que no podría obtener solo. Por lo que necesita flujo de efectivo es porque sería ilógico que sin contar propiamente con los recursos necesarios un emprendedor se dedicara a vender rascacielos o aviones aunque pudiera ganar millones de dólares con una sola venta, si se tarda 20 años en venderlo primero se muere de hambre.

Por último el inversionista quien ya pasó por una de las situaciones anteriores si realmente es bueno, busca la mayor utilidad con la menor inversión posible creando la mejor combinación entre renta y flujo de efectivo.

- Para crecer identifica quién te hace fuerte y busca alianzas.

Teje una red, será el mercado que puedes abarcar.

Si te expandes, la distancia entre los puntos de operación es vital, siendo lejana representará mayores gastos para mantenerla firme, si es muy corta abarcarás menos mercado.

- Los expertos en negocios no pierden tiempo, ni se agotan por el dinero. Ganan en la medida que se conocen a sí mismos como a la competencia y hayan estudiado el ecosistema o mercado en donde se encuentran.

La importancia de la planeación para eficientar la podemos ver en la definición de economía, la cual mencionamos cotidianamente, muchas veces sin saber a lo que nos referimos (economía familiar, economía del país, economía mundial, nuestra economía).

Para Samuelson, P.A., Nordhaus, W.D., Salazar, J.J. y Rodriguez, R.C. (2005)

Economía es el estudio de la manera en que las sociedades utilizan los recursos escasos para producir mercancías valiosas y distribuirlas entre los diferentes individuos.

Tras esta definición se esconden dos ideas clave en economía: los bienes son escasos y la sociedad debe utilizarlos eficientemente. De hecho, la economía es una importante disciplina debido a la escasez y al deseo de ser eficientes. (Página 4)

Entonces una buena economía la puede obtener no el que más recursos posee, sino el que menos necesita para producir su objetivo.

Si lo que buscas es abundancia y despilfarrar sin preocupaciones te tengo una mala noticia; "Los recursos son escasos".

(Tiene más – quien necesita menos – necesita menos quien ayuda más).

CAPÍTULO 4

EL MERCADO

"Su valor de mercado depende en última instancia de la felicidad que se espera que proporcione". Mihály Csíkszentmihályi

Debemos dejar de vernos a nosotros mismos y empezar a ver hacia los demás, en busca de hacer del mundo un lugar mejor.

- Dependes del ecosistema en donde te encuentras, como no vas a sembrar sandías en el desierto tampoco vas a pedir mucho dinero en un lugar de extrema pobreza.

Seguido escuchamos o leemos que ponen como referencia el modelo de emprendedores exitosos que abandonan los estudios logrando construir grandes empresas desde el ático o cochera de su casa; idealizando el sueño de volverse ricos con facilidad.

Lo anterior crea falsas ilusiones y desánimo al conocer la realidad.

El león no es como lo pintan; las historias de éxito existen pero detrás hay contactos exclusivos, dinero, planeación, excelentes negociaciones, tiempo y mucho esfuerzo. Así que si vas a realizar un proyecto analiza el ecosistema en donde te encuentras, determina si es viable, si cambias de proyecto o cambias de ecosistema; y prepárate para una larga lista de obstáculos.

- Las personas pagan más por productos o servicios aspiracionales; vende valores y ofrece emociones.

La economía se rige por oferta y demanda, haz que lo deseen, que puedan presumirlo y mostrar otro estatus. Su objetivo final siempre es percibir un sentimiento, para algunos consiguiendo sexo otros mostrando seguridad, amor, confianza, alegría, etc.

Nuestra parte animal instintivamente busca alimentarse, reproducirse y sobrevivir.

No se venden servicios jurídicos o contables, se vende seguridad; cuando hacemos una campaña de marketing están comprando prestigio y en nuestro restaurante se les ofrece vivir mejor.

CAPÍTULO 5

RELACIONES PÚBLICAS

"En el fondo son las relaciones con las personas lo que le da sentido a la vida". Wilhelm Von Humboldt.

"La diplomacia es el arte de conseguir que los demás hagan con gusto lo que uno desea que hagan". Dale Carnegie.

- Si no lo vas a cortar por completo del negocio no lo critiques mejor dile cómo hacer las cosas para mejorar.

Criticar trae problemas a la vez que divide, en cambio explicar el error proponiendo una manera de mejorarlo aumenta la eficacia en la actividad.

- Ignora las opiniones para iniciar algo, nunca le vas a dar gusto a todos.

Vas a empezar acertando y equivocándote una infinidad de veces, quítate el miedo, da ese primer paso, aprende de tus errores, detecta lo que te funciona, estandariza y ten en cuenta que vas un paso delante de quien solo habla y no se ha animado a hacer lo que tú.

- Cuando cometas errores trata de solucionarlos, no te alejes de lo que más quieres.

El peor error es dejar que el miedo te paralice y alejarte de lo que amas por evitar ser juzgado o afrontar las consecuencias porque también alejas a los que quieren ayudarte.

- Como decía Benito en uno de los posgrados que tomé, "Lo importante no es quién tiene la razón, el cliente es el cliente, lo importante es mantener una relación efectiva… hay que entenderlos para poder atenderlos".

CAPÍTULO 6

NEGOCIACIÓN

"Haz lo posible por conocer a quién has de enfrentar. No te sientes nunca a tratar con un extraño". Somers White.

"Debemos escuchar lo que se dice, pero aún más importante en una negociación, es escuchar todo aquello que no se dice". Peter Drucker.

- Un emprendedor debe ser revolucionario en todos los aspectos y áreas de su empresa para poder superarse ante una sociedad controlada por quien llegó antes.

Naturalmente habrá un choque de una nueva unión de intereses de la construcción colectiva frente a una vieja unión de intereses y la ruptura del orden establecido para lograr cambios trascendentales.

Podemos deducir que un emprendedor = revolucionario y necesita:

- Otras personas (liderazgo) para lograr la colectividad
- Cambiar las reglas

- Resolver problemas (para enfrentarse a los choques de intereses)
- Buscar trascender (dejar algo después de partir)

- Si te interesa mucho alguien o algo estás en desventaja, manda a otra persona a negociar.

La mayoría dice que puede separar los negocios de los sentimientos, es mentira; tanto como decir que puedes separar la mente del cuerpo y funcionar igual.

Tenemos que entender que todo nuestro sistema, persona y acciones está correlacionado de una u otra manera; no te engañes y no dejes que te engañen.

Enviar a otra persona a negociar con alguien o algo que te interesa te permite pensar con lógica, dar instrucciones y obtener un mejor resultado.

Por ejemplo: Ana mi ejecutiva de cotizaciones y cobranza; al recibir un sueldo realmente no le interesa si al cliente se le hace cara la cotización o si los 60 días de espera le molestan, tiene precios que le he dado previamente estandarizados junto con la indicación de que no son negociables y mientras responda atenta y a tiempo sabe que conserva su trabajo seguro. Le importo pero no tanto para sufrir por un proyecto.

Sin embargo, si llegaran conmigo y pidieran un descuento en una planeación que normalmente cobro cien mil dólares, para poder otorgármela, tal vez lo pensaría ya que de eso vivo.

He llegado a trabajar gratis por una buena causa o en alguna presentación por el simple hecho de que me gusta mi trabajo.

- Inicia las negociaciones pidiéndole ayuda a tu contraparte con lo que quieres conseguir.

Es mejor ser claros y que lo hagan de buen gusto a tratar de embaucarlos en algo que no quieren hacer.

- Si tienes socios novatos se van a equivocar (te van a hacer perder tiempo y dinero en lo que aprenden).

Lo anterior es un hecho, por lo que debe haber algún beneficio extra para ti, si es por caridad no esperes nada a cambio, ni las gracias porque ellos van a sentir que trabajaron lo que tenían que trabajar.

- Nunca confíes en los asesores de venta cuando te van a vender algo.

A veces uno se deja llevar por el nombre pero ten en cuenta que no es tu asesor sino el de la empresa de tu proveedor y te puede meter en problemas financieros con tal de vender.

- Es importante conocer las reglas del juego para que no te estafen dentro de esas mismas reglas.

El punto anterior y este cuando compré mi primer carro del año me pasaron, terminé comprando un seguro de autos carísimo por cinco años que me recomendaba la asesora, el cual me ofrecía financiar dentro del mismo crédito. Los puntos en contra que no investigué a tiempo:

Seguramente ella ganaba alguna comisión por vender más.

La anualidad del seguro si te lo vendía la agencia era mucho más caro que comprarlo directo con la aseguradora.

Al meter los cinco años de seguro al crédito desde el primer día me cobraban intereses de cuatro años que en realidad todavía no estaba utilizando.

Y poco después del año que quería vender el carro me enteré que no te reembolsan el dinero que ya habías pagado del seguro, solo podías cambiarlo de auto o perderlo.

- Siempre hay una manera de eliminar un mal trato.

Cuando eres víctima de un trato abusivo no tienes porque continuar con él, los contratos pueden anularse, cánsalo psicológicamente o ejerce presión en otras áreas para negociar la que te interesa. No te vuelvas esclavo de una mala negociación. Como dijo Emiliano Zapata "Mejor morir de pie que vivir arrodillado".

- Cuando alguien gana mucho otro pierde.

Olvida el ganar-ganar, en los negocios grandes gana o pierde tu equipo y aliados. Aunque se lo puedes plantear al que esté perdiendo, si eres tú retírate.

- Todo se puede negociar

CAPÍTULO 7

CREATIVIDAD Y HUMANIDAD

"Un aspecto esencial de la creatividad es no tener miedo de fracasar". Edwin Land.

"No debemos perder la fe en la humanidad que es como el océano: no se ensucia porque algunas de sus gotas estén sucias". Mahatma Gandhi.

- Siempre vas a seguir sufriendo por dinero en determinados momentos de la vida, solo cuando entiendas eso aprenderás a restarle importancia y te enfocarás en sentirte bien contigo mismo.

Mejora tu autoestima por que en el camino a eficientar tus finanzas recibirás mucha crítica.

- En los negocios adaptas y aplicas habilidades de la vida cotidiana, no esperes conseguir una habilidad específica de negocios.

- Recuerda el amor aunque te haga cometer errores, te ayuda a mejorar.

Alguien enamorado se vuelve creativo, se esfuerza por mejorar y hace cosas buenas pensando en los demás.

La creatividad es un arma importante en los negocios para no quedar encerrado en el común denominador.

Enamorado te vuelves mejor negociando y seduciendo.

También sufre por tu cuenta te va a hacer más frío en tus decisiones e intenta no perder todo lo bueno que vayas aprendiendo.

- Analiza y aprovecha lo que tienes, siempre hay un factor que te da cierta ventaja.

Aquí entra la innovación y creatividad, no te encierres en lo común, expande tus horizontes. Si todos se enfocan en crecer hacia arriba, tú crece hacia los lados, si todos piden dinero tu pide conocimiento, si todos buscan un negocio millonario tu busca uno seguro, si te falta maquinaria presta servicios, si te falta tiempo invierte, si no tienes instalaciones trabaja en tu casa, si todos buscan el empleo ideal tu crea tu empleo ideal.

- Que sea ley no quiere decir que moralmente este bien o mal.

Ten presentes tus valores y convicciones, que no te hagan dudar.

Los que legislan y los que te rodena también cometen errores o manipulan, crean capas de humo, lo muestran como correcto o incorrecto pero leyes son leyes y valores son valores; como dijo Jesús, lo del César al César y lo de Dios a Dios; se han cometido grandes injusticias, vimos masas siguiendo lo incorrecto, han perseguido personas por hacer el bien, prohibido y permitido lo mismo; decide por ti en busca del bien común.

- En busca de expansión te acostumbras a cruzar límites pero hay algunos que nunca debes pasar.

La libertad conlleva responsabilidad, tendrás límites hasta donde tú decidas. Te recomiendo no cruzarlos si vas a dañarte o dañar la humanidad de alguien, si la perdemos de nada sirve lo material.

- El factor Dios (Dios aprieta pero no ahorca); cada vez que te está yendo muy mal, sin explicación Dios te da un respiro que te permite seguir adelante, por ello es muy importante nunca tirar la toalla.

Debe ser más grande el instinto de supervivencia que el temor a las consecuencias, siempre hay opciones, encuéntralas, no desperdicies los avances. Si tu proyecto no funciona modifícalo y continúa; el mercado te va llevando hacia el modelo correcto.

- No hay reglas para tener éxito, puedes hacer cosas diferentes u opuestas a alguien que ya lo obtuvo y también lograrlo.

- Si estas ganando dinero recuerda que tuviste alguna semana en quiebra y ayuda a los que lo necesitan.

Todos los niños deberían tener las mismas oportunidades.

CAPÍTULO 8

LOS PROBLEMAS Y EL ESTRÉS

"No podemos resolver problemas pensando de la misma manera que cuando los creamos". Albert Einstein.

- Lo entendemos todo hasta que lo vivimos.

- Cuando llegues a tus empresas lo primero que te van a platicar son los problemas, hay que aprender a discernir y saber resolver lo importante.

Resuelve lo que sea posible y conveniente resolver, no tiene caso estresarte aunque otros quieran verte así.

- Empezar una empresa la mayoría de las veces no es negocio, es un lujo.

Con el tiempo vas adquiriendo los beneficios en el camino del emprendedor, más tiempo libre, utilidades y flujo de dinero.

- El mundo tiene una máscara, quítasela, vas a encontrar cosas hermosas y otras horribles pero dejarán de aprovecharse de ti.

Las personas están acostumbradas a mentir y ocultar ciertas cosas, es algo que al parecer los hace sentir que protege a los de su alrededor y a ellos mismo mostrando un mundo ideal, sin darse cuenta que puede ser todo lo contrario.

Pregunta mucho e indaga sobre lo que te interesa, trata de conocer lo más que puedas; en tu inocencia sobre el tema seguramente algo te sorprenderá, otras situaciones te molestarán y saldrás desilusionado; nunca pierdas la esperanza junto con el objetivo puro que te hizo emprender el viaje.

Es un mundo contradictorio en donde las personas dicen algo y hacen lo opuesto.

Te hacen perder el tiempo tomando caminos equivocados con sus mentiras, cuando conozcas la verdad evitarás esos errores y se abrirán ayudándote a mejorar.

- Lo que más duele de estar en quiebra no es perder dinero sino defraudar a las personas que creen en ti.

- Es una virtud corregir los malos hábitos que te creas por comodidad o queriendo llegar más rápido a algo que se debe dar con el tiempo.

Tal vez una de las cuestiones más difíciles y eficaces para avanzar es eliminar los malos hábitos, imposible ser perfecto por lo que el camino nunca termina, un camino que si decides recorrer representa constante esfuerzo, abandonando comodidades; una cuesta hacia arriba con grandes tentaciones para bajarla con facilidad.

- Si el caos es inevitable prepárate y acércaselo antes a los demás.

Sorpréndelos con la guardia baja, aprovecha su confusión para tomar ventaja y cierra el trato, porque una disputa prolongada no beneficia los negocios.

- El exceso y no saber retirarte a tiempo de un mal negocio te presionan a seguir cometiendo errores.

- Te vuelves experto por los errores que cometes pero tienes éxito por los aciertos.

CAPÍTULO 9

IMPUESTOS

"El arte de los impuestos consiste en desplumar al ganso de forma tal que se obtenga la mayor cantidad de plumas con el menor ruido". Jean Baptiste Colbert

La desigualdad económica año con año es más notoria a pesar de los supuestos esfuerzos de gobiernos y ciudadanos renombrados por mejorar la economía, siendo una de sus principales herramientas la implementación de políticas fiscales en busca de incrementar la recaudación de impuestos que permita al gobierno realizar los gastos necesarios para alcanzar los objetivos establecidos.

En términos porcentuales macroeconómicos la anhelada mejora y crecimiento es mostrada comúnmente de manera positiva, lo que nos lleva a la interrogante de ¿Porqué si los países crecen la brecha entre ricos y pobres también? Y nos hace estudiar la herramienta que por excelencia debería funcionar en la redistribución de ingresos otorgando derechos de manera justa a la población.

Históricamente, la defensa fiscal es tan antigua como la humanidad.

A partir del momento en el que alguien oprimió a otro para convertirlo en tributante, el afectado buscó defenderse de ello. Imaginar la muralla china, las pirámides egipcias y los miles y miles de tumbas, templos, catedrales, baños, esculturas, cavidades excavadas en la roca, caminos, monumentos, más pirámides y murallas, etc. Que existen a lo largo y ancho del planeta, sin suponer que hayan sido el producto de opresión, esclavitud e imposición de unos sobre otros, sería tanto como imaginar una humanidad angelical.

El problema fue que tales imposiciones tributarias se instituyeron, al principio, en nombre de la divinidad. Y ello originó que la resistencia en su contra fuese tan leve que prácticamente resultara nula. Sólo hasta que se despojó al soberano de esa aureola de divinidad es cuando surgió una cierta consciencia de la necesidad de defenderse de la opresión. (Diep Y Diep, 2001: 20)

- Los impuestos siempre han servido para lo mismo desde que se inventaron.

A veces solo se les cambia el nombre y se ven beneficiados de arriba hacia abajo en mayor o menor medida de la siguiente manera: Para mantener a países más fuertes, mantener a los gobernantes, robo de gobernantes corruptos, empresarios con contacto con gobernantes, negocios con otros empresarios, sueldos en los que las personas más cercanas al empresario ganan más y los obreros menos, etc.

En la obra pública por ejemplo normalmente se benefician más las personas de mejor nivel socioeconómico que tienen para invertir y aprovecharlas; no porque la ley esté mal redactada para su redistribución sino porque a los pobres ya les robaron y nacen debiendo a través de su gobierno o les siguen robando y rezagando en obras que a la vez rezaga su economía.

Entonces que no sea de sorprender que según la cadena a los países más fuertes, los gobernantes y los gobernantes corruptos les interese que todos paguen más impuestos ya que ellos son los que se benefician en primera instancia.

Los empresarios que tienen contacto con gobernantes quedan entre la espada y la pared y actúan según lo que les genere más beneficio.

A los que hacen negocio con otros empresarios les parece una estupidez porque muchos de ellos hacen una redistribución hacia la población mejor que el gobierno y no les es lógico pagar a los depredadores de la cadena económica; por lo que sacan las garras y muestran el colmillo hasta donde pueden para defender lo suyo.

Y los asalariados salen perjudicados por ser los más débiles de la cadena, los oprimidos a los cuales muchas veces no se les permite ni siquiera hacer sus propios cálculos y se ha llegado a un acuerdo para descontarles y forzarlos a pagar el 100% o más de lo que les corresponde; aunque bien dice el dicho que a veces es mejor ser cola de león a cabeza de ratón.

> Cuando Schumpeter hablaba del trueno de la historia fiscal, se refería al drama sobre el presupuesto público y

su influencia en la economía. El ingreso y la producción nacionales han venido aumentando durante más de cien años en todas las economías industriales. Al mismo tiempo, el gasto público ha aumentado en la mayoría de los países aún más deprisa que la economía global. Cada periodo de emergencia – depresión, guerra o preocupación por problemas sociales como la pobreza o la contaminación- expande las actividades de Estado. Una vez superada la crisis, los controles del Estado y el gasto público nunca retornan a su nivel anterior. (Samuelson, Nordhaus, Salazar y Rodríguez, 2005: 340)

CAPÍTULO 10

LIDERAZGO Y EQUIPO DE TRABAJO

"El liderazgo es la capacidad de transformar la visión en realidad". Warren Bennis

"El talento gana partidos, pero el trabajo en equipo y la inteligencia ganan campeonatos". Michael Jordan.

- Una vez que logras hacer algo vas a querer repetirlo porque lo alcanzarás con mayor facilidad.

- No es la idea lo que falla, es el equipo de trabajo.

Las ideas carecen de capacidad para ejecutarse por sí solas, es el equipo de trabajo quien comete los errores y decide abandonar.

En caso de que no aprendan de sus errores ni abandonen sustitúyelos lo antes posible.

- Recuerda las reglas y lecciones del pasado.

Creyéndonos más inteligentes frecuentemente cometemos los mismos errores.

- Se agradecido con quien te apoya, uno solo no llegaría a ningún lado.

Dependemos de quien nos rodea, varios seres cercanos van a negarte ayuda al inicio y desconocidos se acercarán a ti; reditúa la confianza que te dan agradeciendo, reconociendo y haciéndolos ganar.

ACERCA DEL AUTOR

Efraín Orozco Ibarra

Es inversionista, empresario y autor.

Nacido en Guadalajara, Jalisco, México. Pertenece a una familia en la que por generaciones han sido comerciantes. Desde sus primeros meses de vida le tocó estar en el negocio familiar, recibió su primera computadora a los 6 años y se apasionó por la tecnología. A los 12 años empezó a encargarse de una sucursal durante las tardes, después de graduarse de la secundaria con técnica en informática decidió que su futuro estaría en los negocios porque en Informática todo dependía del tiempo que le dedicara pero en Administración podría disponer del tiempo de otros; estudió la prepa con carrera Técnica en Informática Administrativa y diplomado en Desarrollo Humano Integral; al ver que la economía familiar iba en picada emprendió *Rincón empresarial®*, una agencia de marketing digital e imprenta empezando a planearla de 17 años y lanzándola a los 18, entró como dirigente a Éxodo un grupo de formación para jóvenes con más de dos mil miembros, estudió la licenciatura en Administración Financiera y Sistemas, a los 19 años compró una sucursal del negocio familiar a punto de quebrar, vendiéndola al año en el triple de su costo; cumplidos los 21 coordinó un grupo de Éxodo e inició un despacho legal & financiero despachozwolf.com antes de graduarse de la universidad; durante esta época fue cuando incursionó en el estudio del emprendimiento gracias a sus socios Fer Padilla y Tom Novo, introduciéndose a incubadoras, aceleradoras y ganando diversos concursos, también fundaron una empresa de comercio electrónico, a los 22 terminó su especialidad en Finanzas Corporativas y abrió una empresa de dominios y hospedaje web, de 23 años empezó a estudiar para abogado y terminó la especialidad en Impuestos; a los 24 años entró a la especialidad en Gestión empresarial y empezó a construir una pequeña plaza comercial para rentar locales, a los 25 años se dio cuenta que abogado no era lo suyo, terminó la maestría en Contraloría, creó *Grupo Zwolf®*, inició una aplicación de fletes e invirtió en una empresa de artículos médicos, tenía planeado jubilarse a los 25 pero a los 26 abrió 2 restaurantes, una comercializadora de calzado, una empresa especializada en fuerzas de venta, escribió este libro, escribió el libro la fórmula del dinero, fundó el sistema de préstamos aliado.mx y se encuentra avanzando su investigación del doctorado sobre la percepción del tiempo en la toma de decisiones.

GLOSARIO

Liquidez: capacidad de transformar algo en efectivo para hacer frente a tus obligaciones a corto plazo.

Utilidades: es el beneficio que se ha generado de algo, el dinero que se ha ganado.

Estados financieros: son los documentos que te muestran la salud y eficiencia o deficiencia de la empresa para generar ganancias.

Activo circulante: es el dinero o lo que puedes convertir más rápido en dinero.

Activo fijo: son propiedades o cosas que posees que no son tan fáciles de vender cuando necesitas dinero; como edificios, maquinaria o terrenos.

Pasivo circulante: es lo que te van a cobrar pronto y requiere que tengas liquidez.

Pasivo de largo plazo: son préstamos o deudas en las que te dan varios años para pagar.

Capital contable: es el dinero que han puesto los accionistas más las utilidades que ha dejado el negocio.

Compras: es el material o equipo que te sirve para hacer funcionar tu negocio, para producir y que en algún momento podrías llegar a vender.

Gastos: es lo que se esfuma en cuanto lo pagas.

REFERENCIAS

Diep, D. Y Diep, M. C. (2001) Defensa Fiscal. México: PAC, S.A. DE C.V.

Samuelson, P. A., Nordhaus, W. D., Salazar, J. J. y Rodríguez, R. C. (2005). MICROECONOMÍA con aplicaciones a Latinoamérica. México: McGRAW-HILL/INTERAMERICANA EDITORES, S.A. DE C.V.

Sun Tzu. (2000). El arte de la guerra. México: EDITORIAL ÉPOCA, S.A. DE C.V.

Maquiavelo, N. (2008). El arte de la guerra. México: Ediciones Leyenda, S.A. de C.V.

¿Tienes una empresa?

¿Vendes algún producto o servicio?

Únete a nuestros grupos de networking online y presenciales alrededor del mundo

info@grupozwolf.com

Mejoramos la forma de hacer negocios

www.ingramcontent.com/pod-product-compliance
Lightning Source LLC
Chambersburg PA
CBHW020927180526
45163CB00007B/2919